흐느끼는 카추샤

흐느끼는 카추샤

초판 1쇄 인쇄   2009년 11월 14일
초판 1쇄 발행   2009년 11월 21일

지은이 | 소동호
펴낸이 | 손형국
펴낸곳 | (주)에세이퍼블리싱
출판등록 | 2004. 12. 1(제315-2008-022호)
주소 | 157-857 서울특별시 강서구 방화3동 822-1 화이트하우스 2층
홈페이지 | www.essay.co.kr
전화번호 | (02)3159-9638~40
팩스 | (02)3159-9637

ISBN 978-89-6023-301-0 03810

이 책의 판권은 지은이와 (주)에세이퍼블리싱에 있습니다.
내용의 일부와 전부를 무단 전재하거나 복제를 금합니다.

흐느끼는 카추샤

소동호 시집

● 카추샤의 문을 열며

　카추샤는 약하면서도 강한 여자의 마음을 상징하는 것이라 생각한다. 그렇게 연약한 풀 잎 같은 가슴에 타오르는 정열의 불꽃을 품고도 쓸쓸히, 숙명의 길을 가야 하는 것이 한 여인의 일생일 수도 있다.

　비단 여성에게만 국한된 것이 아니라, 사람 모두가 살아가는 것이 자기 자신의 행로를 모르며, 이미 주어진 대로 한 연극의 대본 같은 삶의 길을 추구하는 것이라면 그것은 카추샤의 길이다.

우리는 무엇을 찾는가, 어디로 가는가 라는 자신의 물음을 나 스스로 던져보며, 살며시 카추샤에게 길을 묻고 싶다.

그런 까닭으로 이번에는 카추샤의 노래로 서정의 문을 열어 보고 싶다.

2009년 11월 14일
편월(片月) 적음

차례

카추샤의 문을 열며   4

제1부 녹색의 화원을 꿈꾸며

1 분례糞禮가 산다는 영심零心이 언니네 집   12
2 동백꽃잎   16
3 불씨   18
4 편답遍踏   19
5 그리운 떡갈나무   21
6 떡갈나무 잎   23
7 신설新雪   25
8 꽃그늘에서   27
9 영란鈴蘭   29
10 청춘의 문   31

제 2 부 방랑의 별

11 황혼 속에 서있는 그 여자 　34
12 그리운 앨범 　36
13 빗속의 포장마차 　38
14 엉겅퀴 　40
15 사랑의 꽃 　42
16 포장마차 달밤 　44
17 처녀설處女雪 　46
18 사랑 편지 　48
19 초록비 　50
20 단풍비 　52

차례

제3부 모래성 애수哀愁

21 모래성 탄식歎息	56
22 부초浮草의 숙宿	58
23 능금이 익을 때	60
24 흐느끼는 카추샤	62
25 노랫가락 흥취興趣	64
26 비에 젖은 토요일	66
27 꿈속의 사랑	68
28 어머니의 베개	70
29 촛불은 흔들려도	72
30 외로운 버들잎	74

제4부 아마릴리스의 추억

31 봄은 어디에　78
32 아마릴리스를 꿈꾸며　79
33 화원동花園洞에 내리는 비　81
34 가슴앓이　83
35 마음의 거울 하나　84
36 너 잘 갔다오너라　85
37 울고 웃는 인생선人生線　86
38 작은 감동感動　88
39 꿈에 본 내 집　91
40 꿈을 깨고서　92

차례

제5부 유성流星처럼

41 밤	96
42 안달 복달	98
43 담배	99
44 자연紫煙의 신비	100
45 공원의 숲	102
46 옥玉을 갈듯이 切磋琢磨	104
47 그리운 만남	105
48 버스 정거장	107
49 국화	109

제1부
녹색의 화원을 꿈꾸며

1 분례糞禮가 산다는 영심零心이 언니네 집
2 동백꽃잎
3 불씨
4 편답遍踏
5 그리운 떡갈나무
6 떡갈나무 잎
7 신설新雪
8 꽃그늘
9 영란鈴蘭
10 청춘의 문

분례糞禮가 산다는
영심零心이 언니네 집

분례糞禮 가
강원도에서 왔다.

봉순이 봉자는
서울에 살았다.

영자 춘자가
경상도에서 왔다.

정순이, 옹구 동생 옥녀가
전라도에서 왔다.

입분立紛이 탄실이가
충청도에서 왔다.

이렇게
치녀痴女대합실에
다모여
영심이 아짐네 집으로 가서
살았다는
홈 스토리는

거리의 천사
식모살이
가정 조무사
가정 영양사
가정생활 관리사
가정평생 생활복지 설계보조사
또는 가정 총 집사 결국 가정부 등
직군職群, 직렬職列, 직종職種상

매우 복잡한
직업 생활을
영위하면서

한 시대를 이끌어간
민생 기초 생활의
견인차牽引車적 역할을
성실히 수행한
대한민국의 맹렬猛烈여성 집단으로서
줌마부대를 형성한
위대한 공로자들이다.

여기에서
나온
OO출신 국회의원, 지방의원들은
경우에 따라서는
조각組閣에 참여도 한다.

이 여성 운동가, 지도자들은
글로벌 시대의 페미니스트들로

상당히 저항적이며
반체제적, 투사적이며
적극적 활동을 전개하면서

학력 위조문제
허위 경력 문제 등이
돌출하면
발악을 구사하는
방법을 동원하며 생활하는

아주 특이한 못 말리는 강자들이다.[1]

각주 1)

  이런 여성 집단을 좋아하는 남성들이 바로 정치에 참여한 남성, 대학총장들로서 사안에 단호히 대처하지 못하고 이리저리 이익 되는 쪽으로 오가면서 말로 합리화하고, 지적하면 얼버무리는 반골도 아니면서 반골 행세하는 인간최하의 남성군(群) 들이다.

  강자(字)는 주로 이름이나 성(姓)씨에 붙어 묘한 위력을 가진다. 예를 들면, 김강자, 이강자, 박강자, 정강실, 강금실, 강강실, 강희선 등이다.

동백꽃잎

깨물면
이지러진
구름처럼 찡그린 얼굴

손에 들면
날아갈 듯
가슴 졸이는 얼굴

그렇게
안타까운
꽃잎 이야기를

소문으로 남기고
떠나간 그대는

지금
어느 자리에
동백만큼이나
앙금이 붉은 모습으로

애태우고 있는가

불씨

그런
괴로운
사랑의 불씨로

생명을 소모하는

못난이 마음
아예 버려야 하지

저 멀리
던져 버려야 하지

독차지 하지 말고
호수에 던져 버려야 하지.

편답遍踏

아침이면 냇가
저녁이면 야원野原

하루에도 몇 차례나
오가는 정자나무

아무데고
인적이 없으니
바람과 물소리와
새들의 노래

여름이면
귀가 따가운
개구리 울음소리

그네들과 같이 한
지난 시절이
나의 편로遍路였던
못 생긴 반숙半熟인생의
조그만 편답이다.

그리운 떡갈나무

- 1

그 나무 생김새
알지는 못하여도

그 나무 잎새는
가슴에 추억으로
남아있다.

그 나무
아름다운 가곡으로
노래 불리 우고

그리고
얼마나 소중하면
귀한 약재 되었을까.

소염, 지혈에
따라갈 약재가 없다는 나무.

떡갈나무 잎

- 2

나의
유년 시절
순창 사시던 고모는

백설같이 하얀 기정을
떡갈잎에 싸서 가져오셨다.

그 이파리 열면
은은한 술 냄새가
약한 듯이 코끝에 스치고

그 연순 한 맛이
입에 맴돌곤
하였다.

우리 것 아니래도
이웃동네 솜씨 좋은
아주머니는

가시와 모찌柏餠를
갈잎으로 접어 덮어서
가져오셨다.

희한한 그 맛
요즘 사람 알지 모를지

우리 손, 우리 쌀, 우리 음식이었다.

신설新雪

천년설千年雪
안고 솟은
신비의 산 봉오리 같이

청아한
푸른 솔 보듬어 안은
만수산 같이

싱싱한
푸른 풀 펼쳐 깔아 놓은
알프스 산록 같이

피어오른
신비의 新雪

먼 산

떠오르는
아침 햇살에

축복의 광채 빛나는
청춘 같은 신설이여!

그 新雪 위에
우리 발걸음 내딛어 보자.

8

꽃그늘에서

아름다운
꽃잎
꽃방석
꽃 휘장 두른 듯

향기로운
꽃그늘이 좋아
찾아온
그 그늘에는

사랑, 청춘, 인생이
있음직도 하건만

그 꽃잎
하루 이틀
그리고

하나 둘 지면서
꽃그늘 사라지니
허무하기 그지없고

그 모습
안 보는 이 못하네.

비바람에
어질어 놓으니
심란하고
쓸쓸함이
그 아름다움의
끝 인가

그것이
인생유전人生流轉 매한가지인가

영란鈴蘭

영란 화 필 때
푸른 꿈도 피고

영란 꽃 닮은
쌍갈래 머리
따 내린 소녀는

프란체스카의
종소리 울리는
성당 언덕에서

마리아의
음성 들으며
기도 한답니다.

가슴에

사랑의 십자가
혼자 지니고

사랑을 헤아리는
마리아의 손에
마음을 맡겼답니다.

사랑도
슬픔도
마리아의 음성에서
꿈을 꾸는
성
바오로의 딸이랍니다.

느끼는 카추샤

제 2 부

방랑의 별

11 황혼 속에 서있는 그 여자

12 그리운 앨범

13 빗속의 포장마차

14 엉겅퀴

15 사랑의 꽃

16 포장마차 달밤

17 처녀설

18 사랑 편지

19 초록비

20 단풍비

황혼 속에 서있는 그 여자

바람결에 실려 왔을까
물결에 떠밀려 왔을까?

황혼녘 안개 속에
서있는 사람

먼 산
모퉁이 돌아
희미하게 떠오르는
눈썹달도
외로워서 눈물짓는
황혼 저녁에

생각하면
할수록
쓸쓸한 그 모습에

구름에 숨어있던
별빛이 비추어
그녀모습 비추네.

꽃을 세며
서있는 그 얼굴에
별빛 입맞춤하네.

그리운 앨범

빛바랜 추억의
사진첩에는

은행잎 닮아가는
노오란 사진들이
늘어져 있고

푸석 푸석
말라버린
밤나무 이파리 같은
사진들이
눈시울 붉히고 있다.

노오란 꽃들이
노을에 지며
돌아오지 않을

날들을 점치고

심상心傷의 그림자로
사라져간다.

미소 짓던
추억의 그림자들이
말없이 떠나간다.
하나 둘……

빗속의 포장마차

부슬부슬
비가내리며
포장마차가 비에 젖는다.
주막집 한 채가
비에 젖고 있다.

사람들은
도대체
관심이 없고

자기네들
머리카락 젖을 라
신문지 머리 위에 올리는 사람
손수건으로
덮는 사람

자기 몸 추스르기 바쁜데

나는 왜
그랬는가?
빗속으로 들어가
막소주 한잔을
단숨에 마셨다.

위장의 밑바닥이
찡- 하며 울린다.

그리고 또 한잔

그
주인의 표정이
마셔 달란다.

그렇다
포장마차는
술로 가는 마차이기 때문이다.

엉겅퀴

꽃 타령에는
백가지 꽃들이
등장하는데

엉겅퀴는 없는가?

그냥
빨간 꽃, 하얀 꽃
남색 자색에 연분홍……

산야에
쉽게 피고 지는 꽃

꽃을 날려
풍매風媒로 번식하는 꽃

소인국小人國의 전쟁에서
낙하산 날아가듯

바람에 날리는 꽃

날아라 끝없이
그것이
너의 생명인 것을.

사랑의 꽃

사랑의 눈물을
오색실 올올이 수놓아
사랑 꽃 만들고

아픔의 눈물을
진주알로 알알이 엮어
진주탑 쌓고

그리고
기쁨의 눈물은
비단실로 엮어

무명초, 부평초
아이젱 카츠라
야래향夜來香

다 모아놓으면

사랑은 거기
오래 머물러 있으리.

포장마차 달밤

해 저문 뒷골목
포장마차에는
하루를 감추려는
인파가
다 모여든다.

내 얘기 들어봐
내 얘기도 들어봐

인연 없는
꿈 이야기들이
술잔에 고인다.

포장마차에
달빛은 비추나 마나

그 누구 보는 이
하나도 없다

달빛 그림자
혼자서 쓸쓸하다.

처녀설處女雪

한라산
상상봉에
새하얀 눈은

비바리 아가씨
어여쁜 마음씨
빚어주는 처녀 설

그 눈이
녹아서
산록에
푸른 풀밭 만들면

비바리 아가씨
도련님 따라
푸른 풀밭 즈려밟고

시집가는 봄

오늘이 바로
처녀설 녹아내리는
사랑의 꽃 피울
그날이랍니다.

사랑 편지

거짓말입니다.
너무도
친절하고
상냥하고
달콤하고
아름다운
거짓말입니다.

그러나
그 말이
새로이 그립습니다.

꿈을 꾸게 합니다.
당신의 편지는

눈물도 만들고

사라지게 하는 묘약입니다.

그리고는 또
모르는 체 달아나는
얄미운 바람입니다.

초록비

초원에
비가 내린다.

비에 젖는
필드에는
그 누가
초록비를 잡아 당겼을까

힘껏 하늘 위로
치켜 올린다.

풀밭이
하늘위로
날아간다.

그리고

초록비는
마냥
호수에도
아스팔트 위에도
민박촌에도

달라붙어
내리고 있다.

초록 비는
다시
풀밭에 내린다.

단풍비

어느덧
시월도 늦어지는가.

아기 손
잎사귀가
비에 젖는다.

연붉은 이파리
비를 머금고

선명한
새 색깔을
채색하며
타드는 열기를
식히고 있다.

산허리
골짜기에도
산등성이에도
새로운 단청을
물들이고 있다.

제 3 부

모래성 애수哀愁

21 모래성 탄식歎息

22 부초浮草의 숙숙宿

23 능금이 익을 때

24 흐느끼는 카추샤

25 노랫가락 흥취興趣

26 비에 젖은 토요일

27 꿈속의 사랑

28 어머니의 베개

29 촛불은 흔들려도

30 외로운 버들잎

모래성 탄식歎息

지난여름
모래성에는

모카 골드
차 숟가락이

녹 슬은
계절의 체온을
느끼며
묻혀있을 것이다.

물결에
부서지는 은모래에

작년 여름
추억을 덮을 것이다.

그리고
별 보며
탄식의 긴 한숨
내쉴 것이다.

부초浮草의 숙숙宿

네온이 출렁이는
밤거리 모퉁이에는

흐르는 별들의
숙소가 있다.

서로가
운명을 점치는
그네들의 옆모습에는

파란 속눈썹
불빛에 감추며

두들기는
하얀 파우더에는

오늘밤의 애수哀愁가
묻어져 나오는

숙소가 있다.

능금이 익을 때

질펀한 낙동강
아랫마을엔

능금 꽃이 곱게 핀다.

능금 꽃 떨어지고
빨-간 능금
가지에 주렁주렁
매달리면

기적소리 슬피 울고

비 내리는
정거장 플랫 홈엔
빨간 능금 손에 쥐고
달려오는 아이

능금 닮은 그 소년은
그때 그 시절
「경북 명산 대구능금」
그림 상표 붙인
얼망 대광주리

그리운
아홉 개들이
그 소년이다.

흐느끼는 카추샤

언니도
너와같이 그랬더란다.

실버타운 들머리
넷째 블록에
인순이가 있었다.

임실에서
전주로
그리고 군산으로
또, 미성읍으로
ＮＣＯ 클럽에서 만난
그녀는
살고 있었다.

퍼시픽 나이트

카운터에서

붉은 입술
그라스에 가져가며
흐느끼는 카추샤는
내년 여름 토니를 찾아
오끼나와沖繩로 떠난다는
인순이

다음에 시베리아 행은
아닐 것이다.

노랫가락 흥취 興趣

옛 노래
듣노라면
옛 세상으로 들어간다.

그때 사람 되어
향취를 느낀다.

나 혼자
듣기 아까워도

나서는 이 없으니
독야청청 獨也靑靑

나만이 젖어든다.

「山深夜深 客愁心 鼓吹(九節)長竹 입에 물고
花柳丹粧 바라보니 식은 눈물 주루루……」

이화자李花子의 "산심야심"은
화유춘몽花柳春夢의
장정長征이 아닐 수 없다.

비에 젖은 토요일

아침부터
촉촉이 비가 내리더니
하루를 마감하기까지
내릴 심사이다.

한주간이 끝나
벗어난 해방감도

비가
앞을 가로 막는다.

하늘과 땅이
빗줄로 맞대고
떠내려간다.

그렇다

늠름한 내일이
버티고 있으니
내리거라
흐르거라.

같이 떠내려 가보자
어디로 가든지
토요일은 흘러서 떠내려간다.

꿈속의 사랑

꿈길에서 만나
사랑하는 건

누구도
말하지 못할
자유로운 사랑이다.

종교도 직업도
지위도 금력도
체면과 국경까지도

말끔히 넘어선
지고지순의 사랑

이런
꿈같은 사랑은

행복한 거다.

어머니의 베개

젊어서는
베갯니 만드시고

온 식구
베개에 붙여 주시더니

중년에는
베갯머리에서
촘촘한 챔빗으로
올려 빗으시고
비녀를 꽂으셨다.

항상
어머니 냄새
묻어나던 베개

돌아가실 때까지
그 베갯머리
눈물은 얼마나
흘리셨을꼬.

그
베개 못 잊어
어찌 북망산 가셨나이까.
어머니…….

촛불은 흔들려도

촛불은
바람에 흔들려도
꺼지지 않는다.

그
올 곧은
심지芯地만큼이나
진실한
바램 있었기에

사바沙婆 중생
소원이 감읍感泣하여
불꽃의 감동
만들어 내려고

자신의 몸

녹이고 태워
소신공양燒身供養 이루려고

업보業報의 감동
대속代贖의 불꽃으로

태우고 있습니다.

외로운 버들잎

너의 노래 소리
바람결에 들려올 때

굳었던
내 마음 열리고

너로 하여
타는 마음
석양빛도 애달프게
물들어 갔다.

해와 달이
지고 떠오르면

네모습도
내 가슴에

외로이 다가와
나와 함께
노래 부르는구나.

코스키는 카추샤

제 4 부
아마릴리스의 추억

31 봄은 어디에

32 아마릴리스를 꿈꾸며

33 화원동花園洞에 내리는 비

34 가슴앓이

35 마음의 거울 하나

36 너 잘 갔다오너라

37 울고 웃는 인생선人生線

38 작은 감동感動

39 꿈에 본 내 집

40 꿈을 깨고서

봄은 어디에

추억은
옷자락에 젖고

환영은 비에 젖는다.

달래보는 심사
속절없는 비에

꽃도 시들고
꿈도 젖어들건만

어디에 있는 거냐
어디쯤 머무는 거냐

야속한 봄아

32

아마릴리스를 꿈꾸며

아무 것도
없는 것이
순하나 길게 내밀고는

요염한 자태로
튜울립을 머금어 낸다.

팔등신 몸매로
돈 호세의 품에 안겨
살짝 젖히는 건
짚시의 여인이다.

그리고
아무도 모르게
꽃 이파리 펼치고는

고개를 숙여 뜨린다.

그 자태
단정학丹頂鶴처럼 우아하고

빨간 동백 입에다 문

춘희椿姬의
독백처럼 정열적이다.

33

화원동花園洞에 내리는 비

비록 꽃은 없다 해도
화원동에 내리는 비는
느낌이 다르다.
그 이름이
해묵은 친구 같다.

아침 이슬 같은
가랑비가
부슬 부슬 내리면
화원동을
온통 적셔낸다.

등이 외로워 보이는
한 여자는
"혼불"의
주인공만큼이나

고독해 보인다.

비록
꽃은 없다 해도
화원동에는
이렇게
꽃비가 내린다.

가슴앓이

아픈 체 하지마라
다른 사람도
너만큼 아프다.

너만 유일하게
옥죄이는
가슴앓이 아니다.

호강을 병으로
둘러 대지마라

밥 먹으며
아프다 하지마라

진정 가슴앓이
아프다 하지 않는다.

마음의 거울 하나

돌아 볼 것도
바라 볼 것도 없어
마음에 거울하나
지니며 살아야 하지

억지 쓰지 말아야지
억지는 애를 만드는 것

안되면 아니지
그래서 본전인 거다

괘념치마라
마음에 거울하나
지니며 사는 거다.

36

너 잘 갔다오너라

그런 생각
안하고 사는 나에게
묻지 말아라

물어보는 바람에
대답하게 된다.

더욱이
부추기지 마라

차 바꿨느냐
이사 갔느냐
휴가 때 어디 갔느냐
묻지 마라

너 잘 갔다 오너라.

울고 웃는 인생선 人生線

어쩌면
그리 절묘하게도
서커스란 말인가
인생은—

한번은 웃고
한번은
울음 있어 울게 한다.

그렇게
유전流轉하는 인생이
유랑流浪의 서커스와
다를 게 무엇인가

구름 따라 흐르고
머무르는 곳이

유랑의 숙소가 아니 더냐

동東으로 가나
서西로 가나
바람 따라 흐르고
구름 따라 가는 건 도리道理

그렇게 돌다
자리 찾아 귀소歸巢하는 것
유랑의 피에로
크라리오넷 가락에 젖는
인생인 것을.

38

작은 감동

부화가
치켜 오를 때가 있다.

그런데
감동이 더 많아
세상은 아름답다.

가장 큰 분노는
정치가들이 만든다.
다음은 종교인
그 다음이 대학 총장이다.

왜 그럴까?
대답은 하나
거짓말을 하기 때문이다.

왜 그렇게까지 하면서
자리보전하려 하는가
돌아서면 들통 나는 일들을 왜 할까?

태반이 거짓말인 것이다.

그러나
생활주변의
자질구레한 일들은
감동을 준다.

희생적 의사의 이야기
행상 할머니의 전 재산 희사
지하 단칸방 부부의 사는 이야기
장기간 불우한 곳 도우며
자신을 밝히지 않는 독지가

이로 인하여
분노는 모두 사라지고
거기 용해되어 버린다.

미치지 못한
자신이 부끄러워
할 말이 없고
그저 사는 것 행복일 뿐이다.

39

꿈에 본 내 집

한 십여 년 가깝게
꿈에 잘 보는 것이
전 전에 살던
남노송동 집이다.

구조나 식구들
그리고
제3의 등장인물이
가지런히 여일하다.

선명하고 기분도 좋은데
흑백 필름인 것이 아쉽다.

그 집은
자연을 많이 빼박은 집이다.
평소에도 그립고
깨고 나면 아쉽다.

꿈을 깨고서

잠을 자면
보통은 꿈을 꾸는데
그리고
하루 한번쯤은
꿈을 상기해보는데
오후가 되면서 잊어진다.

저녁에 다시
재인해 보지만
생각이 석연치 않다.

겨우 실마리를 잡아도
전후 장단이 뒤틀린다.

그래
포기 할 수밖에 없어 아쉽다.
꿈은 사라지고
빈자리만 허전하다.

흐느끼는 카주샤

제 5 부

유성流星처럼

41 밤
42 안달 복달
43 담배
44 자연紫然의 신비
45 공원의 숲
46 옥玉을 갈듯이切磋琢磨
47 그리운 만남
48 버스 정거장
49 국화

밤

해가 지고 밤이 오면
어둠이 장막을 친다.
아니 사방을 막아버린다.

어둠은
감시카메라에 의해
나를 가두고 감시한다.

나는
문 닫힌 엘리베이터 같은
어항 속에서
밤을 산다.

도대체
카메라는 어디 있느냐?
보일 리 없다.

밤이 지나가기 바랄 뿐
엘리베이터 문이 열리길
기다리는 거다.

안달 복달

사람들이 살기 위해
안간힘을 쓰는 것 같다.

복면까지 하고
걷고 뛰는 사람

좋다하면 가리지 않고
찾고 먹고 취取하는 극성

돈과 복권과 명예에
목숨 거는 사람

이 모두가
살려는 발버둥 같다.

아름답지 않다.

담배

아름답지만은 않다.
담배 끊었다 자랑하는 것이

밥은 이롭기도 하지만
가장 위해한 것이다.
만병의 근원이 되니까

안 먹으면
병 걸릴 까닭 없으니
끊어봐라.

사람들 자기주장과
이유가 많다.

참견하지 않을 테니
상관치 말았으면 좋겠다.

자연紫煙의 신비

천대 받을지라도
창작세계에서
존재하는 자리가 있다.

자연의 신비
그 오묘함을 만끽하는 건
누구에게나 주어진
공통의 권리는 아니다.

사색의 반려이며
생각의 신선조이며
상상의 무한궤도를
질주하는 아우토반이다.

큰 문학이
자연 없이 나온 바 없으며

진실한 작품이
자연을 헤쳐 풀지 않고
잉태되지 않았다.

자연紫煙의 신비
그는 무궁한 고공을
질주하는 레이서이다.

공원의 숲

공원 숲에서는
소리가 난다.

새소리, 바람소리
발자국 소리

공원 숲에서는
향기가 난다.

소나무, 참나무
아카시아 향기

그리고
사람의 향기

모두
함께 어우러진
자연自然의 냄새가
음악으로 들린다.

옥玉을 갈듯이 切磋琢磨

옥을 갈듯
비비고 문지르고
닦아서

아름다운 광채
영롱한 빛깔을 내서

마음의
보석 상자에
간직하고서

오래
지니고 싶은
마음속 구슬

갈아내고 싶다.

그리운 만남

누구를
만나고 싶다.

그에게 물어보자
만날 수 있을까?

궁금하지만
내일이 다가오면
만나야지

하고서
지나간 것이
수삼일

그대 역시
만나고 싶었던가?

이 한 마디
되짚어 묻고픈
그리운 밤이다.

버스 정거장

바람이 인다.
바람으로 찬 느낌은
유리 박은 구조물 안에서도
한기가 느껴진다.

사람들은 웅크리고
버스시간 기다리고
어느 취객이 고함지르며
지나간다.

날일 갔다 온
모자 쓴 아저씨는
연장 가방 뒤로 메고
졸고 있는데

밤바람만

수상히
그 모자 흔들어보고
지나간다.

국화

가을
저녁이 저물며
국화 향기가
바람결에 실려 온다.

이맘때는
꽃을 보면 국화이고
풀을 보면 갈대 잎이다.

억새풀 갈대 잎
부딪는 소리

그리고
국화꽃 향기에
마음 빼앗겨도 좋을
가을 저녁

국화는 가을에 매달려
계절을 끌어가는
마차의 수레바퀴다.

부록
기간既刊 저작

자전적 수상집
1 무지개 단장

시집
2 술 안 권하는 사회
3 少女
4 사랑의 올가미를 낚아챈 당신

신간 전공서적 안내
· 교육사상사 —서양편—
· 교육의 과학적 관견
· 한국교육사상사 개설

저자의 근간(近刊) 도서

기간既刊 저작

자전적 수상집

무지개 단장

발간과 함께 독자들 가슴에 잔잔한 파도를 불러일으킨 감동적 드라마로, 지역의 많은 독자로부터 찬사와 격려를 받고 필자의 입지를 굳힌 자전적 이야기이다.

신아출판사 발행   값 7,000 원

시집

술 안 권하는 사회

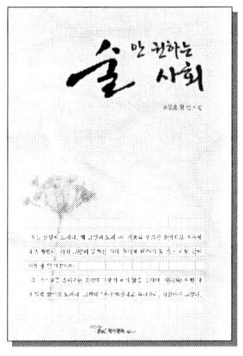

작가의 첫 시집으로 아름다운 詩語들을 엮어 읊어낸 서정적 마음의 노래이다.

도서출판 JNC 발행　값 7,000 원
2쇄 재판 발행

少女

시대묘사에 탁월한 작가의 예지가 돋보이는 서정 시집이다.

신아출판사 발행
값 7,000 원

사랑의 올가미를 낚아챈 당신

예지와 혜안으로 사랑의 갈등을 묘사한 시의 회화적 표현이다.

사단법인 한국문학세싱 발행
값 7,000 원

신간 전공서적 안내

교육사상사 -서양편-

서양교육의 사상사적 흐름과 그 맥을 저자 특유의 유려한 필체로 구사하여 교육학의 강의용 교재 및 학습용 교과서로 깔끔하게 정리되어 있어 전국 대학의 교육학(교육사 · 사상 · 철학)교재로 인기리에 판매되고 있는 책이다.

교육과학사 발행 (2,000부 2쇄) 값 13,000원

교육의 과학적 관견

 교육을 일반심리학의 측면에 비추어, 교육의 심리를 알기 쉽고 명료하게 정리한 교육심리 발달심리의 필독 교과서이다.

교육과학사 발행
값 10,000 원

한국교육사상사 개설

한국교육의 역사를 시대별로 알기 쉽게 정리하였으며, 그 사상적 원천이 되는 역사인물을 교육사상적 견지에서 추출한 교육사상열전으로 엮어 만든 귀한 한국교육사 서적이다.

양서원 발행, 우수도서
값 17,000 원

저자의 근간(近刊) 도서

2010 발간 예정인 저자의 책을 소개하며

　시집 「사랑의 올가미를 낚아챈 당신」에 이어 필자의 시적 정서를 서정의 노래로 나타낸 시집 들이 2010년 초부터 나올 예정이다.
　이제 삶의 무게를 조금씩 내려놓으며, 생활의 여정에서 흐려진 유리창의 입김처럼 서려있던 고단했던, 때로는 작은 기쁨이었던 인간적 이야기를 풀어보고 싶은 것이다.
　특히 우리말의 장점과 묘미를 언어의 도구로 맛갈을 내서 문자로 표출시켜 보려는 욕구가 차오른다. 또한, 현대에 와서 거의 사용되지 않거나 혹은 사장되어 버린 어휘들을 평어로 사용하여, 광범한 어휘 섭렵을 해보려 생각하였다.
　그러나 역시 시란 노래로서, 마음에서 솟구쳐 오르는 노래로 내 가슴의 심폐언어를 토해보고 싶다.

네 번째 시집
사랑의 늪에 빠진 그대에게 보내는 편지

다섯 번째 시집
흐느끼는 카추샤

여섯 번째 시집
화장은 찐하게 향수는 약하게

일곱 번째 시집
활화산 같은 여자 (불녀)

에세이 식 이야기 선집
윤심덕에서 전혜린까지

– 한국 천재 신여성 열전 –

장편 대하소설
흔들리는 산하

전 10 권으로 구성 된 대 서사시이다. 현재 1권 "진달래 파편"이 한맥 문학사에서 나왔다. 현재 계속하여 집필 중에 있다.

필자 소개

필자 **소동호**蘇東鎬 1946년 남원 생

문학수첩

　1963년 제2회 전라예술제 백일장에서 시가 당선(예총지부장 김해 강金海剛 님 수여)된 것이 발표의 시작이며, 드라마 작가 최호영崔湖永 선생님 추천으로 KBS, 사회교육 방송 및 지역 매스컴에 시를 발표하였다. 대학 재학 중에는 조병화趙炳華, 최인욱崔仁旭 선생님으로부터 시와 소설을 배웠다. 1976년부터 전북일보의 칼럼 「전북광장」의 고정필진으로 참여하였고, 그 후로는 전공에 치중하여 절필하였다가 2009년부터 다시 시작하여 「한맥문학」,「문학세계」 등에 소설, 수필이 당선되었다. 2009년 문학세계 선정 「2009년을 빛낸 한국의 대표작가」에 선정되었으며, 2010 세계 인명사전 「마르퀴즈 후즈 후: Marquis Who's Who」에 실적이 등재되었다.

　중앙대 교육과('69, '74 MA)와 일본 히로시마廣島대('79 Ph. D) 졸업, 미국 UCLA School of edu. 객원교수 역임, 현재 전북대학교 사범대 교수.

저작

문학 영역

〈소설 수필〉

자전적 에세이 무지개 단장, 신아출판사 '09. 2
단편 소설 흔들리는 산하, 한맥문학사 '09. 6
수필 고향마을 이야기, 문학세계사 '09. 6

〈시집〉

1. 술 안 권하는 사회, JNC 출판 재판 발행 '09
2. 少女, 신아출판사 '09
3. 사랑의 올가미를 낚아챈 당신, 한국문학세상 '09
4. 사랑의 늪에 빠진 그대에게 보내는 편지(출판 준비 중)
5. 흐느끼는 카추샤(출판 준비 중)
6. 화장은 찐하게 향수는 약하게(출판 준비 중)
7. 활화산 같은 여자(집필 중)

교육학 전공 영역

1. 교육사, 창학사 1976. 2
2. 교육철학, 신아출판사, 1993. 5
3. 교육사의 탐구, 신아출판사, 1995. 9
4. 전북 교육의 인물과 정신, 선명출판사, 2004. 7
5. 교육사상사, 교육과학사, 2004. 8
6. 교육의 과학적 관견 교육과학사, 2008. 5
7. 한국교육사상사 개설, 양서원, 2009. 2
그 외 논문 다수